느낌과 물음 사이

느낌과 물음 사이

김을현 시집

두엄

시인의 말

아름다운 미완성

뭐지! 왜?
아하, 그렇구나.

한국에 첫발을 디딘 어느 선교사의 수첩에는
한국인에 대한 다음과 같은 기록이 있었다.
"조선인은 호기심이 많은 민족이다."

사람들이 모여서 웅성거리는 곳에
우리들은 기웃거리며 무슨 일인가를 살핀다.
무슨 일인가
내가 도울 일은 없을까.

시심, 동심, 호기심,
낯섦과 익숙함 사이를 오가는
사람으로서의 노력은
물음표가 느낌표를 포옹하는 순간이다.

완성을 위한 미완성과도 같이
호기심이 끝나면 사랑도 끝이 날 수 있었다.

차례

1부 | 천 가지 질문

012 · 내 안으로 떠나는 여행
013 · Illusioning
014 · 나를 팝니다
015 · 발견
016 · 느낌표를 찾아서
018 · 첫 질문
019 · 순결하라
020 · 느꼈다는 것
021 · 텔레파시
022 · 장례행렬
023 · 물들 무렵
024 · 원죄론
025 · 있거나 말거나
026 · 사회와 도덕
028 · 외로움의 시작
029 · 주연배우
030 · 은밀하게

2부 | 물음표가 느낌표에게

032 · 물음표가 느낌표에게
033 · 친구 사이
034 · 가슴앓이
036 · 희망을 버리다
038 · 완두콩을 위하여
039 · 뭉쳐야 산다
040 · 사랑이란
041 · 마침표를 위해 1
042 · 마침표를 위해 2
043 · 마침표를 위해 3
044 · 마침표를 위해 4
045 · 마침표를 위해 5
047 · 마침표를 위해 6
048 · 50원
049 · 숨
050 · 반쪽을 위한 연가
051 · 왔다 간다
052 · 물이라도 한잔
054 · 노루표페인트
055 · 숫자의 탑

3부 | 나에게로 또다시

■

058 · 나에게로 또 다시
059 · 이제부터
060 · 시 속에 감추고 싶은 말들
061 · 낙엽
062 · 사랑을 위하여
063 · 먹구름에게
064 · 지붕
066 · 흔적과 흔적 사이
067 · 다육이를 앞에 두고
068 · 칡덩굴이 담쟁이에게
069 · 돌아갈 수 없는 집
070 · 귀향
071 · 하늘은 알지
072 · 외달도
073 · 신독
074 · 풍경
075 · 발가락 나무
076 · 손바닥에 적은 시

4부 | 무의미의 의미

■

080 · 무의미의 의미
081 · 추상적 귀뚜리
082 · 해바라기-1888
083 · 여섯 잎 클로버
084 · 댄디라이언
085 · 초감각주의
086 · 뉴월하늘
087 · 삼우송
088 · 밤비
089 · 벽
090 · 옹이송이
091 · 붓는 발
092 · 무덤꽃
093 · 놓친 물고기
094 · 용서를
095 · 그런 일
096 · 짜장면의 힘
097 · 물음표가 느낌표에게 7
100 · **해설** | 물음표의 세계 그리고 느낌표의 세계 – 김성우 시인

1부

천 가지 질문

내 안으로 떠나는 여행

돌이켜 보면 나를 이끌어 온 것은
아픔을 사랑하는 마음과
질문을 던지는 용기였다

견디지 못할 슬픔이 지나갔고
질문에는 이미 답이 있었다
웅크리고 앉아 슬펐던 날들
낯선 세계를 동경하던 마음과 헛된 기대들,
그 속에서도 나를 지켜왔던 의미들이 떠오른다

방황하고 고민하면서도 앞으로 나아갔지만
어느 날부터인가 나에겐 내가 없는 날도 있었다
관계 속에서 점점 초라해지기도 하였다
눈을 감으면 지금의 내 모습이 보인다
어쩌면 보이는 게 싫어서
눈을 감았는지도 모른다

나에게로 묻는
네 안으로 떠나는 여행
그래도 나는 안녕하기 위해서 가보는 것이다

Illusioning

바람이었던 적도 없었으며
꽃도 아니었으며 향기도 없었다
하물며 바람이 불면 실려 가고
꽃이 피면 아득한 냄새가 났다

도대체 나는 뭐지

나를 팝니다

얼마간 쓸쓸해 할 줄 알고
골목 끝에서 골목 끝을 그리워합니다

가끔씩 어린 날의 추억을 꺼내어
김칫국에 고구마를 베어먹기도 하고
기차를 보면 손을 흔들어 주기도 합니다

당신의 옆에 가까운 사람처럼 앉아
기타를 쳐 드릴 수 있습니다
그림이 걸린 카페에 앉아 시를 씁니다
그럴 땐 당신의 기억을 삽니다
오래된 당신 심지 깊은 당신을 원하는 건
욕심이 아니겠지요

들꽃을 엮어 꽃다발을 만들다가
문득 나를 팔아서 차표를 사고
바다를 향해 가는 기차에 오르고
싶은 날이었지요

나를 팔고 싶습니다

발견

세상은 발견으로 나아간다
삶이 그렇다
별을 바라보는 일도 그렇다

어제와 다른 오늘
오늘보다 아름답기를 바라는 내일

꿈이란
발견에서 만나는 이룸이다

너도 외쳤다
드디어 발견한 거야

느낌표를 찾아서

동주 시인네 우물가
감나무 밑에 섰다
무서리 하얗게 낀 붉은 감
입이 벌어졌다

창을 닫고 커튼을 치고
촛불을 켜고 전등을 끈다

고요 속에서
오늘 내가 찾은
감나무에 대한 동주의 기억
(흔적과 반응)
별똥별처럼 떨어져
무서리에 박힌 붉은 가슴

나는
잎새에 이는 바람에도
괴로워했다*

갈비뼈 사이
몸부림치는 그대

＊윤동주의 '서시'에서

첫 질문

저요
질문 있습니다
한 번도 손을 들어보지 못했습니다

가슴속에 살고 있는 첫 번째 질문은
무엇인가요

나를 사랑하십니까
내가 사랑해도 되겠습니까
나를 사랑해 주면 안 되겠습니까
제발 떠나주세요

나에게 묻고 싶었습니다

끝내 말하지 못한 한마디가 남아 있다면
누구에겐가 나는 무엇입니까

순결하라

무등산 원효사 입구
덤불이 우거진 길에
다형 김현승의 '눈물' 시비가 있어
무등산을 오갈 때마다
십자가에 빗살처럼 걸린 '눈물'을 보곤 했는데
어느 여름날, 망초꽃이 흐드러진 숲속에서
갈대를 헤치고 나는 서 있었지

생의 마지막을 생각하고
소중한 것을 생각하며
기어이 어지럼증을 느낄 즈음에
잎새를 스치는 바람 소리처럼
들려온 말이 있었지

순결하라
내 가슴에 '눈물'처럼 못 박혀 왔지

느꼈다는 것

한번 느낀 입맞춤

그 느낌은 절대

지워지지 않아

느꼈다는 것

그 한 번으로 족해서

사랑의 감정도 그 한 가지

이별의 슬픔도 그 한 가지

하지만 그렇게 느꼈다는 것

텔레파시

 너를 만난 것은 나의 오랜 기다림의 결과였을까 매일같이 오가는 길목에서 넌 나를 보고 있었지만 난 너를 보지 못했는데 너는 나에게 신호를 보내고 있었을까

 그런데 오늘은 네 앞에 내가 앉아있을까 너와 마주 보고 있을까

 노란 민들레

 나는 민들레 방송국입니다 그대가 원하는 만남을 이루어 드리겠습니다 텔레파시를 보내주세요

장례행렬

리본을 단 버스가 지나간다
검은 승용차들이 뒤따라간다
끔벅끔벅 점멸등 불빛이
페이브먼트에 반짝인다
비가 오려는지
는개비가 야산을 뒤덮고 있다

물들 무렵

바닷물이
육지를 향해 옵니다

골골이 쓰다듬고 입 맞추며
은하수 같은 물길을 펼치어
배고파 우는 아이를 달래듯
퉁퉁 부은 가슴을 출렁이며 옵니다

그대 무명의 치맛자락
파도가 올 때는 바람도 함께 옵니다
기다림의 수평을 넘어오는 흰머리
보이지 않는 손짓으로 지상을 어루만지면

나인들 내 살결을 만지는 아침이 와서
때로는 참을 수 없는 눈물이 차오릅니다

생각이 물들어
그리운 무렵

원죄론

나는 생각한다
내가 나무였던 때를

겨드랑이마다
주렁주렁 열매를 달고
해가 지는 서쪽에 서서
방주가 떠나던 날을 생각한다

가슴까지 차오른 빗물 속에서
나는 차마 손을 들지 못했다

죄는 이미 돌이킬 수 없어
파멸은 예정되어 있다는
방주를 떠밀고 간 바람이여

지금도 겨드랑이 가득 매달린 슬픔
이것도 죄가 되었다

있거나 말거나

자살은 자폭 같은 거야
한 번에 죽은 것은 아니지
그것은 마치
화산의 폭발과 같아서
터져야 사는 것들이 있지
네 안의 용암 몇 덩이
네가 지닌 천둥이며 번갯불
한꺼번에 터트려야 자살인 거야
찌질하게 울지 마
너보다 세상은 크다고
눈을 감고 산을 바라보는 바보처럼
자해는 또 하나의 나를 만드는 일이라고
그렇게 썼던 날을 지워
정답도 오답도 없더라고
있거나 말거나가 아니라
한 번 있는 것은 영원한 것이야
그리 쉽게 끝나지도
그리 아프게도 끝나지 않을 거야

사회와 도덕

왼쪽 가슴 포켓에 흰 꽃무늬 손수건 꽂고
진달래 길을 걸어 학교에 갔었지
참새처럼 재잘대던 시절
나는 사회도 도덕도 백 점 맞는 아이였어

몇 번인가 낙엽이 지고
나는 포플러 그늘에 그림을 그리곤 했지
막연한 것들에 대하여 막연하게
그런 데 말이야
그 막연한 그리움 막연한 생각들이
사회랑 도덕이랑 싸우는 거였어
나는 괴로웠지
내가 아는 사회와 내가 맞다고 생각하는 사회가
점점 틈을 내고 있더군

머리를 깎아 서해에 던지던 소년에게
진실을 물었지
나는 풀이 난 길을 좋아했고
나는 별을 사랑했고

바람을 좋아했으며
시를 쓰고 싶은 사람이라고
내가 진정으로 바라는 것이 있다면
죽는 날까지 사회와 도덕은 백 점을 받고 싶다는

외로움의 시작

 여름이었을까. 깨어나 보니 아무도 없었어. 너무 조용해서 장독대 위를 날아다니는 파리 소리가 들리기도 했어. 끊임없이 들렸던 거야. 대나무 숲에서도 우수수 댓잎을 통과하는 바람 소리가 들렸어. 햇살은 밝고 따뜻했어. 하지만 나는 밖으로 나갈 수 있는 나이가 아니었기에 어머니의 재봉틀 의자에 앉아있었지. 엄마가 보고 싶고 할머니가 그리웠어. 한바탕 울어라도 볼까 생각했는데 배도 고프고 무서웠어. 그러다가 잠이 들었나 보지. 깨어나 보니 깜깜했어. 울음마저도 필요 없는 공포가 밀려와 두 눈을 꼭 감고 움츠렸어. 한참이 지나서야 멀리서 두런두런 식구들의 목소리가 들려왔지, 이내 발소리가 마당으로 들어왔어. 어두움 속에 그대로 있었지. 하지만 아무도 냉큼 날 찾지 않았지.

 어린 날의 보고픔과 기다림이 쌓여 나의 외로움이 만들어졌을 거야. 지금도 혼자만의 고독이 필요할 때가 있어. 사람은 누구나 외로운 존재여서 그럴 거야.

주연배우

사랑의 멜로 씬
이 영화의 주인공을 뽑습니다

바바리코트에 곱슬머리
뒷주머니에는 도끼 빗을 꽂고

바지는 24인치 나팔바지
롤러장 분위기를 좋아하나요

내 삶의 주연배우
그대 이름은 누구십니까

은밀하게

과수원 담을 넘는 달빛처럼
은밀하게

동구 밖을 지키는 불빛처럼
은밀하게

그러고 보니
은밀한 게 많았다

청춘이란 열매
새까만 껍질을 까고 보니

첫사랑이여
은밀하게

2부

물음표가 느낌표에게

물음표가 느낌표에게

 그런 날도 있었다. 한참을 울다가 내가 왜 울고 있었지. 그 순간이 지나가면 그 순간이 보이고, 나중에야 잘잘못을 구별하게 되었던, 순간적으로는 이판사판 이것저것 다 거는 듯했지만, 돌아다보면 그렇게 큰일도 아닐 때가 많았지. 철없던 시절에도, 질풍노도의 스무 살 때도, 숱한 시행착오를 겪었던 30대에도, 허무를 알아가던 중년에도 그렇게 지나가고 나니 그때의 모습이 비로소 다시 보이는, 돌이켜보면 내가 준 것보다 받은 것이 더 많았다는 걸 알게 되었다.

 남아있는 내 삶에게도 동전의 양면처럼 확연하게 나의 현명한 선택이 기다리고 있었다. 물음표가 느낌표를 향하여 말을 걸 듯이.

친구 사이

가장 가까운 사이

가장 두꺼운 사이

하늘과 땅 사이

모래와 모래 사이

별과 별 사이

손 내밀면 닿는 사이

손잡지 않으면 닿을 수 없는 사이

바보 같은 사이

너와 나 사이

가슴앓이

가슴에 흉통이 심해졌다

병원에 가봐야지 하면서
차일피일 미루다가
핑계를 찾는다

공연한 눈물이 찾아온다
이러다 괜찮겠지
요행을 바란다

이대로 끝이라면 어쩌나
고통이 깊어지고
별일도 아니라고
귀동냥한 병의 이름들을
초등학교 동창생 이름처럼 떠올려보다가

그래, 마지막 순간에는
엄마를 부르는 일로 끝났지

병은 병일뿐,
울고불고 고통스러워한다면
병에게 지고 말 것이다

병이라면 차라리 병과 더불어 살자

희망을 벼리다

빨간 등댓불이 손 내미는 선창에서
어두울수록 빛나는 파도를 본다
바다 건너 크고 작은 불빛들이
지상의 발목을 적시며
골인 지점에 드리운 결승 테이프 같다

아무리 헛된 희망이었을지라도
지지리 잘난 세상이었을지라도
순간 기뻤으며 순간 빛났으며
다시 긴 시간 힘들었을지라도

나는 안다
죽는 날까지 이 거친 화산암을 벼려서
조약돌을 만드는 파도처럼
밤에도 꿈에도 나의 얼굴
나의 이름을 벼려야 한다

별빛이 손 내밀면
덥석 부둥켜안고 흔들 수 있도록

조금 더 멀리까지 빛을 내기 위해
조금 더 가까이 다가서기 위하여

희망의 날을 세우다

완두콩을 위하여

초록빛 바탕을 선택한 너는
어느 고결한 자손이었더냐

봄날 풀잎처럼 흔들리는 이끼를 흔들며 흐르는 물처럼
지상에 안착한 생명들은 녹색의 제 손바닥을 본다

두 손 마주 잡고 둥글게 웃는 녹색의 바탕에서
푸른 꿈의 잎새를 지나 굵어가는 마음
도란도란 익어간다네

뭉쳐야 산다

도시를 걷다 보면
깨진 보도블록 사이
무너진 담장 사이에서 민들레가 피었습니다
낡은 창문 틈에도
생명의 둥지를 틀고 있습니다
깨진 창문 밑에는 쓰레기가 쌓이고
버려진 화분들이 전봇대 곁에 놓였습니다
며칠이 지난 뒤
전봇대 밑에는 금이 간 도자기 화분에
작은 다육이 화분도 놓였습니다
버려진 화분에 물을 준 흔적도 없었습니다
깨진 화분에 씨를 뿌린 사람도 없었습니다
그러나 귀신 곡할 노릇처럼
빈 화분들마다 민들레가 피더니
고무 화분에서는 나팔꽃이 자라서
전봇대를 칭칭 감고 오르고 있었습니다

'여기는 화분의 왕국입니다'
누군가 내건 팻말까지 등장하고 말았습니다

사랑이란

사랑이란 새가 되는 것
자유로이 날아 주는 것
기꺼이 기쁨이 되는 것
별이 되는 것

멀리서나 가까이서나 당신을 지켜주는 것
소망이 되는 것
꽃이 되는 것

맑은 향기로 당신과 함께 거니는 것
여행길에 동반자가 되는 것

사랑이란 지킴 앞에 모든 것을 내려놓은 것
아무것도 없고 모두가 다 있는
커다란 열매 같은 것

마침표를 위해 1

끊었던 담배를 피운다
어둠 속에서도 파도는 출렁이고
나는 자꾸만 돌을 던진다
아무 데나 떨어져도 바다는 어둠 속으로
동그랗게 원을 그리고
내가 던진 돌멩이를 가만히 헤아려본다
너무 깊이 가라앉아 찾을 길 없는 순간들
너무 아파 가까이 가기 어려운 모습들
저 시간이 모여 오늘의 내가 되었나
상처투성이 패잔병같이
세상 눈치나 보면서
싸움다운 전쟁 한 번 못 치르고
강물에 꽃잎이나 띄우다가
공연히 별이나 세며
아직도 훌쩍이고 있는 나를 만난다
(아무것도 아닌 주제에!)
내가 건진 돌에서
눈물처럼 반짝이는 짠물
어두울수록 자꾸 네 목소리만 들린다
향불처럼 멀어져가는 생의 썰물 속으로

마침표를 위해 2

밤바다에 차를 멈추고
등대 넘어 불빛을 보니
불빛이 어린 곳마다
마침표
그래 시작과 끝은 같다더니
불빛마다
유성의 끝처럼 빛나고 있구나
품을 수 있는 것과
품지 못할 것
어선의 엔진 소리만
가늘게 철썩거리는 늦은 밤

# 마침표를 위해 3

나를 완성한다는 일
알찬 도토리가 되는 일
산의 기운과 숲의 온기를 모아
비탈길에 떨어져 돌 밑에 깔릴지라도
아무것도 아닌 듯 살 일이다

나를 비운다는 일
바다를 비우는 갯벌과 같이
세상 가득 찬 것은 그만큼 어디엔가 빈 것이다
아무것도 아닌 듯 살 일이다

가난에도 마침내 마침표가 찍힌다

마침표를 위해 4

혼자만의 시간이 좋다
월두, 어두운 바닷가에서
불빛이 필요 없는 등대 아래서
바다와 함께 바다의 시간을 즐기고

밤도 혼자만의 시간 속에서
어둠으로 밝음을 비추는 거울이 된다

거기 무리 지어 사는 짐승들이여
그대 진정 외로운가
월두, 빨간 등대 아래로 오라

하루의 마침표를 찍게 되리니

마침표를 위해 5

바닷길을 걸었습니다
발자국에서 마침표를 찾았습니다
흔들림 없는 걸음걸이 또렷한 발자국
그러나 제겐 없었습니다

물결처럼 일렁이다가 금세 비틀거렸고
풀썩 주저앉고 말았습니다
포기도 아닌 절망들이 포말이 되어
내 발자국을 지워줍니다

바닷길을 걸었습니다
조개껍질 모래가 발바닥에 달라붙습니다
숨을 쉬던 조개가 죽어가는 시간
죽음마저도 생의 연속임을 보여주는
반짝임이 마침표를 만났습니다

바닷길을 걷다가 뒤돌아보니
내 발자국을 지워준 파도가
가슴 높이로 손을 치켜들고

몇 차례인가 가슴을 흔들어 줍니다
저절로 출렁이는 손
저절로 찍히는 마침표였습니다

마침표를 위해 6

마침표를 찍으려 했었지
급브레이크 자국과 같은
윈도우에 떨어진 물방울
방금 소나기가 지나갔지

이들의 마침표는 남달랐어
빗살무늬로 날아와
저마다의 표정을 만들었지
나도 그런 마침표 하나를 꿈꾸었지

50원

간판도 없는 중국집 문을 나서다
시멘트 담벼락 틈에 떨어진 동전 한 닢
그냥 무시하고 지나쳤다
며칠이 지나가고
낙엽을 쓸다가 다시 눈에 띈 50원
발길에 차여 뒹구는 것 같았다
이걸 주워야 하나 일순 망설였으나
지나치기로 하다가
갑자기 엄마 생각이 났다
당신 같으면 백 번도 주웠을 것이다
재봉틀 옆 반짇고리에 담겨있던 오십 원!
한때는 반짝반짝 반짝였을 동전 한 닢
그때는 호떡도 사고 번데기도 살 수 있었던
이제는 아무것도 살 게 없는
동전 오십 원

한참을 망설이다가 당신을 주워 올렸다

숨

숨이 붙어있다는 것을 아는
순간마다 매우 행복한 일이다

숨은 목구멍 바로 밑에 있으며
핏줄 깊숙이 들어가 심장을 움직인다

생명이다

숨이 살아있다는 것을 아는
순간마다 기적처럼 숨구멍이 열려있었다

약속이다

숨이 붙어 있는 동안
너로 인하여 숨결에 물을 들인다

반쪽을 위한 연가

오십 년을 살면서
나의 반쪽이 나라는 사실을 알았습니다
거울에 비치는 지난날처럼
나의 시작과 끝을 보여주었지요
보임과 안 보임, 안과 밖, 앎과 모름 사이에서
땀 흘리는 내가 보였나요

오십 년을 살면서
조금씩 부족했던 사랑의 연속
그 부족함으로 누군가 아파해야 한다면
보여도 만날 수 없는 나였기에
만남과 이별 역시
모두 나의 몫이었다는 것을
반쪽은 내가 아닌 나였다는 사실을

왔다 간다

만리장성 오르는 길에
여기저기 보이는 낙서

나 왔다 간다

이름을 남겼으니 다시 와야지
흔적으로부터 자유롭지 못할 거야

왔다 간다

우리 서로를 스쳐
지나갔다는 사실을 잊지 말자

물이라도 한잔

세상은 나에게 물 한잔
건네지 않았다

아니다
내가 나를 사랑하는 만큼
세상에 정을 주지 못했다

세상에는 각자의 그릇이 있는데
누구나 한 그릇의 주인공인데

사람들은 자기 그릇을 알지 못하고
늘 부족함에 목말라 한다

물이라도 한잔
정이라도 한 모금

세상은 나에게 과분하도록 많은 것을 주었다
나는 세상에게 마음을 열지 못했다

세상에게 물 한 바가지 주지 못하고
사랑을 독차지하려고만 하였다

노루표페인트

초록을 덧칠하면 진초록
진초록을 덧칠하면 코발트블루
군청에서 검정이 되지

검정 벽을 한꺼번에 희게 하려면
노루표페인트
화이트

넘을 수 없는 벽이 없고
건널 수 없는 강이 없네

숫자의 탑

1과 99는 옆방에 산다
50점만 받아도 잘 사는 사람과
매사에 1점이 부족한 사람이
물론 같다 다르다 할 수 없겠지만
1이나 99나 100이 아니긴 마찬가지

조금 높다고 떵떵거리다가
올인에 걸려 패가망신할 상이라니
지지리도 못난 망통이라니
이웃 간에는
그런 말도 하지 않기로 하자

1도 2도 99도
약속 아래 지어진 숫자의 탑이었으니

3부

나에게로 또다시

나에게로 또 다시

 눈 가리고 아웅 하던 시절, 덤불에 고개를 처박은 꿩을 보고 웃었습니다. 나는 바람이고 물이며 삼라만상 중의 하나 일 거라고 생각했습니다. 오서, 접봉, 김을현을 바꾸어 불러 보아도, 결코 변할 수 없다는 것들에 대하여 나는 알았습니다. 그냥 나여서 행복한 나를 찾아야 했습니다. 그러나 늘 내 안에 내가 너무 많아서 내가 누구인지 잘 알지 못했습니다. 오서라는 이름으로, 접봉이란 이름으로, 김을현이란 이름으로 그때그때 시를 썼습니다. 하지만 모두 김을현이란 나의 결과물이란 것을 압니다. 조금 더 나에게 적극적이 되어야 될 것입니다. 내가 나를 사랑하지 못하면서, 나의 시를 사랑해 달라고 타인에게 말할 수 없기 때문입니다.

이제부터

바야흐로라는 말이 좋았다
오랜 침묵이 깨지며
느슨해지는 시간

다시 시간이 흐르고
정체성을 확인했다면
본격적으로 나를 세워야지

다시 한 번은 필수
실패는 언제나 물거품으로 사라져
모든 일은 이제부터야

시 속에 감추고 싶은 말들

사랑 우정 그리고 겨울을 지나는 마음

희망 용기 그리고 저 봄바람 같은 마음

상상과 꿈 그리고 활활 타오르는 마음

순결 진실 그리고 보고 듣고 느낀 마음

땅콩 밭에 감추고 싶은

구름 속에 감추고 싶은

내가 내 시 속에

꼭꼭 숨기고 싶은 말들

낙엽

더 아프기를 기다리는 초목과 같이
더 물들기를 기다리는 사랑과 같이
우리 모두 이 자리에 함께 했습니다

하나의 미소로 꽃보다 환한 웃음으로
강토에 떨어져 거름이 되기를
더 붉게 물들지 못했음을 아쉬워합니다

어제는 옛집 마당에
감잎 몇 장을 떨구어 놓고 왔습니다

사랑을 위하여

내가 보여주고 싶어서
안달이 날 때
그곳에 사랑은 지나갑니다

내가 보여줄 게 하나도 없는
허전한 마음일 때
그곳에 사랑은 달려갑니다

골라인을 앞에 두고
되돌아볼 여유조차 없다면
이 사랑을 끝내야 합니다

언제나 오늘도
사랑이 움직이는 거리
내가 채워야 할 궤도입니다

사랑은 움직입니다
벗어나면 돌아올 수 없기에
죽을 때까지
변함없기를 바라는 마음입니다

먹구름에게

참으세요
당신은 하늘에 있고
나는 땅에 있지만
결국 우린 돌고 도니까요
먹구름일랑 뿌려주시고
찬바람일망정 온몸으로 맞겠어요

서로를 분간하기 어려운 날에는
그저 막걸리나 한잔
지친 마음에 바칩니다

눈물 나게 힘들겠지만
견디세요

어제보다 더 나은 오늘이라고
우리 서로 말해왔으니
말한 대로 이루어질 겁니다

지붕

지붕이란 단어가 눈으로 들어오면
지붕이 기둥을 세우고 서까래를 올리더니
어느새 훌륭한 집이 되었다

예쁜 수막새를 신은 맞배지붕
박공널로 바지를 입었다

성큼성큼 용마루를 걷는다

내 기억에 남아있는
한 지붕 한 가족
그 낮은 지붕 아래
두 다리 뻗고 손뼉 치고 놀던 날

찐 옥수수 푸짐했던 저녁
벌렁 누워 탕탕 배를 치며
하늘로 두 발을 뻗으면
거꾸로 맞배지붕이 되고
까르르 웃음꽃도 피웠다

내게 지붕이 있는 한
비가 와도 두렵지 않다

흔적과 흔적 사이

하늘과 땅 사이
사람과 사람 사이
바닷가 모래와 모래 사이
너와 나 사이
별과 바람 사이
달과 달무리 사이

그래도 제일 아픈 건
잊음과 망각 사이
사랑과 사랑 사이
이별과 이별 사이

사이는 생각의 차이다
사이는 중요하지 않다

아무것도 아닌 사이로부터
모든 것을 아는 사이까지
다 끌어안고 가다 보면
사이가 사이를 메꾸어 주고 있었다

다육이를 앞에 두고

생명이란 무궁무진하구나
비슷한 듯 다르고
다른 듯 비슷하고
생이란 결국 비슷비슷한 것이구나

생명이란 고난과 고통이구나
목마르고 아파하고
천 갈래 만 갈래 찢어지고
생이란 결국 분열을 위한 것이구나

종착역이 없는 여행
생명이란 길고 긴 실타래처럼
붉음과 가시와 작고 오묘함을 지나
너와 나를 잇고 있구나

헌 잎이 새 잎을 호명하듯이

칡덩굴이 담쟁이에게

담쟁이들아 보아라
나는 칡덩굴이다
동아줄이다
내 장딴지에는 겨울로도 얼리지 못할
힘이 있다
겨우 담 하나 오르면서 붉어지는 잡것들
나는 한겨울에도
온 산을 덮으며
하늘로 간다

담쟁이들아 보아라
평생토록 기대왔던
담벼락
만수산 드렁칡
일백 번 고쳐 죽어도
되돌릴 수 없는 일
또 한여름이 지나간다

좀 더 높은 세계로
눈에 덮인 설산을 향하여 나아가자

돌아갈 수 없는 집

 어렴풋이 기억이 나요. 해를 찾아 동쪽으로 왔지만 노을 마알간 서쪽 내 고향 집. 감나무 아래 흙 담장 초가집입니다. 큰집에서 쫓겨난 아버지는 폐인이 되어 농사를 짓고 어머니는 할 말이 있어도 말 못 하는 벙어리였습니다. 가끔 술에 취한 아버지는 불붙은 수레와 같았습니다. 정녕 모든 것을 끝장낼 자세로 씩씩거렸습니다. 하나씩 무너져간 낙원, 그 하나도 돌이킬 수 없다면 너무나 냉정한 세상사입니다. 아버지는 살기 위해서 살인도 방화도 전쟁도 불사했습니다. 어머니는 걷어차이고 찢어지고 뒹굴면서도 오직 술 취한 아버지를 따랐고 절대복종을 했습니다. 어렴풋이 기억이 나요. 어느 가을날인가 무서리가 몹시 내린 날 무서리를 뒤덮은 채 아버지는 죽었습니다. 술에 취해 객사하고 말았습니다. 아버지가 죽자 어머니는 아버지를 묻고 자신도 따라 죽었습니다. 이젠 더 이상 동쪽으로 가지 않아도 매일 동쪽에서 해가 뜨고 서쪽으로 집니다. 그 사이에 해 뜨는 집이 있어요. 돌아가고 싶어도 돌아갈 수 없는 집입니다.

귀향

내 삶도 작아져야지
더 작게 분열을 이루어
더 깊은 땅속으로 들어가야지
뿌리를 지나
습기를 지나
딱딱하고 검은 네 등을 두드리면
너는 공룡처럼 꿈틀대며
등껍질을 열고 나를 받아줄 거야

하늘은 알지

언제나 세상은 옳았다
네가 술을 받아 준만큼
세상은 너를 위해 최선을 다했다
아무리 그른 현실이라도
한 치의 틈을 열어 미래를 보여 주었다
땅은 몰라도
하늘은 안다
네가 세상에 뱉은 침만큼
세상은 한사코 돌아서지 않았다

외달도

물소리 아련하다
외달도에서 주워 온 작은 돌로
목걸이를 만들었다
처음에는 서늘하고 둔탁했으나
이제는 목젖 같은 체온이 돌았고
외달도의 끝나지 않은 사랑
몽돌로 빛나는 얼굴
그대 한 바퀴 돌아온 일이
전생을 맴돌아 온 듯하다
침엽을 통과하는 바람
언뜻언뜻 해당화를 보여주던 바다
눈을 뜨고도 보고 싶은 짝사랑

외달도, 이 작은 살덩이
외로운 날에는
끄억끄억 함께 울었다

신독

겨울나무가 진짜다
봄여름 치장으로 자신을 가리지만
살아남기 위해 몸부림을 치지만
고된 가을이 가고
본가로 돌아온 겨울나무는
의연하다 당당하다 초연하다
이게 나라고 나의 본모습이라고
홀몸 얼어붙은 숲에 서 있지 않은가
날짐승에게 둥지를 주고
들짐승에게 열매를 주고
신독愼獨으로 서 있지 않은가
한자리에 서서 움직일 줄 모르나
세상을 다 품고 사는 겨울나무
혼자여도 혼자가 아닌,
겨울이 와야 그 나무를 안다

20220207
야니에게

풍경

지나간 기회를 세고 있는 아내와
깡마른 재스민 나무에 물을 주는 남편과
13명의 세븐틴과 씨름하는 딸과

2020년의 무더운 여름밤과

발가락 나무

얼굴이 예쁘면 더 좋겠지만
저는 발가락이 예뻐요
들길을 걸을 때
냉이꽃 앞에서 멈추게 돼요
모란이 지면 행여 밟을세라
주저앉아 바라보았죠
멀구슬나무를 아시나요
봄이면 온통 보랏빛으로 물들어
시원한 그늘을 만듭니다
이름하여 선비 나무
황금빛의 열매는 등잔불을 밝히는
기름이 됩니다
내 발가락이 참 예쁘죠

나는 어디에서나 앉고
어디서든 일어설 수 있습니다

손바닥에 적은 시

그때 그 느낌은
화살에 맞은 듯 뜨거웠지
나는 서둘러 손바닥에 받아 적었어
파도는 한 송이 꽃잎을 펼치고
바다 건너 하늘까지 꽉 채운 향기
나는 음미할 사이도 없이 밤을 맞았고
그 밤의 즐거움은 나를 잊게 했네
잠이 들기 전 잠시 손바닥을 보았지만
그대로 꿈속으로 젖어 들고 말았지
나를 휘감았던 느낌도 잠이 들고
아침이 왔어도 나는 바쁘게 움직였어
가벼운 세수를 하고 창밖의 햇살을 보고
오늘 하루는 더 바쁠 것을 예상했지
잠시 손바닥에 적은 시를 보았어
점점 희미해지고 있었기에
노트에 옮겨 적으려 했었지만
친구를 만나고 돌아왔을 때는
손바닥의 시는 남아 있지 않았지
나는 돌아갈 수 없는 시간을 안타까워하며

내 마음에 스미려 했던 그 말씀을 떠올렸어
내게 소중한 것은 무엇일까
아주 천천히 부서지던 파도, 꽃, 웃음
모두 받아 적었지만
말하라고 하면 말할 것이 하나도 없네

4부

무의미의 의미

무의미의 의미

 글을 배워 읽고 쓰고 하지만 나에 대해서 아무것도 쓸 줄을 모릅니다. 그림을 배워 점선면을 알지만 내 모습을 그려보지 못했습니다. 더하기 빼기를 배웠지만 세상은 숫자대로 되지 않았습니다. 많은 공부를 했지만 삶에 그다지 도움이 되지 않았습니다. 오히려 그 많은 시간을 좀 더 나 자신을 만드는 시간이었다면 어땠을까요. 돌아보면 후회가 많은 시간입니다. 있으나 없으나 좋으나 싫으나 모두 있는 것들입니다. 내가 알지 못해도 내가 안다 해도 그것은 존재에 아무런 영향을 끼칠 수 없습니다. 존재는 그냥 있는 것이라고 생각합니다. 우리의 생각은 끝없는 생각을 만들고 결국에는 번뇌에 빠지곤 합니다. 오늘 사무사思無邪를 새기며, 오롯이 주인이 되어 살아가야 한다고 생각하였습니다. 쓰레기에 쌓여있는 나를 비워 봅니다.

추상적 귀뚜리

풀밭에서 나는 울었어
사랑의 기쁨과 아름다운 달빛과
가지를 흔드는 나뭇잎 좀 봐
이 밤이 새도록 울지 않기에
달밤은 절대 길지 않다는 것을
저 노릇한 어둠 속에서
나를 기다리는 그대
풀밭처럼 좋은 게 없었다
땅 냄새처럼 사랑스러운 게 없었다

해바라기-1888

고흐의 그림에서 보았다
불타는 듯 노란 너의 입술은
인생의 쓴맛을 노래하고 있었다
오직 한 송이
새카맣게 들어찬 눈동자들이
별 무리 진 가슴을 부둥켜안고
빙그레 수레바퀴를 돌리고 있었다
수많은 날 보았던 너를
오늘따라 넋 놓고 쳐다보았다
세상에서 가장 키가 큰 해바라기

여섯 잎 클로버

여섯 잎 클로버 생긴 사연이야
바람이 알겠지요

열두 가지 마음을 가지고도
꿈이 부족하다 말하는 사람아
별은 많아서 밝은 것이 아니라네

세 잎이 행복이며
네 잎이 행운이라면
여섯 잎은 과연
생의 축복일 수 있을까

댄디라이언

이 밤에도
저 어둠 속에서도
노오란 민들레가 꽃 피고 있겠지
생명이 다하는 그날까지
우리가 쌓아 올린 등댓불 꽃송이
삶이 전하는 끈질긴 약속
이 밤에도
그대 가는 길 밝다

초감각주의

보지 않고도 보아야 진짜다

만져보지 않아도 알 수 있어야
사랑이다

너와 만나는 일은
탄도만을 지나온 길
등대 끝에서
느끼는 교감이다

우리 언젠가 만난 적 있죠?

뉴월하늘

할아버지 오토바이에
달 한 덩이 실려 간다
별 총총 한밤에
파란 웃음소리 실려 간다
보로롱 보로롱
뉴월하늘 꽃구름 피었다

삼우송
– 이름 없는 화가의 그림

바닷가 소나무 세 그루
낚싯배 두 척
바닷가 몽돌은 여러 개
파도는 잔잔히
돛단배를 띄우니

거기 봄빛이 푸르구나

밤비

보는 사람 없는데
비는 내리네

불빛은 멀고 바람은 차고
그대 지나간 길
촉촉 젖었네

밤비라서 더 그러한가
혼자라서 더 밤비이련가

벽

어때?
벽에 대고 물어본다
네가 잘 알잖아
그가 나를 돌아본다

내 마음의 유리벽
지금은,
어떤 계절인가요
무엇이 비치고 있나요

한순간에 쌓이고
한순간에 허물어지는
내가 쌓아온
바람벽들

옹이송이

오래전 물이 흘러간 자국과
아픔이 통과한 자국과
네가 머물렀던 자리들

나의 별들
옹이야 송이야

스침은 있어도
결코 닿을 수 없는 길에도
아침은 다녀가리니
절망은 하지 마라
다다르기 힘든 거리였다고 해도

함께 해서 좋았어요
옹이야 송이야

붓는 발

무리한다고
더 이상은 힘들다고
붓는 발은
적신호를 보낸다
신음 소리를 낸다

붓는 발이
불발탄이 되었으면
잠시 붓다가 가라앉기를 바란다

아직은
더 걸어가야 한다고
붓는 발에게 통사정을 해본다

무덤꽃

어느 날부터였을까
산에 피는 꽃이
산유화만이 아니라
무덤도 꽃이라는

산새들 나뭇가지들
아래에서
사철 봉긋하게 피어있는

놓친 물고기

방금 떨어진 물방울
순간 지우고 말았다
하트였는데, 물고기 하트를
그만 없애버렸다
한 치 앞은 알 수 없고
한 치 뒤는 소용없구나

놓친 물고기

놓쳐버린 순간들
닦아버린 물방울을
만질 수 없구나

용서를

돌아갈 수 없을까
배암아
비늘을 털고
성냄도 자존도 털고

멍에를 지기 전으로
배암아

함께 돌아가면 안 될까
둘이 가서 용서를 빌 수 있을까

그런 일

꽃이 피니 좋아
향기가 나니 정말 좋아

다 좋아

짜장면의 힘

시는 짜장면을 먹듯 써라
입술에 묻어도
손등으로 스윽 닦고

흰 이빨을 드러내며 까르르 웃게 하는
짜장면의 힘

시는 짜장면을 먹듯 써라
후루룩 뚝딱
한 그릇을 비우고 또 입맛을 다시는
허기 같은 것으로

짜장면이 어쩔 땐
밥보다 힘이 세다

물음표가 느낌표에게 7

 거미줄에 걸려있는 물방울 그것은 느낌표. 밤나무에 걸려있는 비닐 조각이었다가, 떨어진 감을 줍다가 밟아버린 홍시였다가, 때로는 밤차의 기적 같은 소리였다가, 눈 깜짝할 사이에 지나가는 날개 달린 신발이었다가,

 '물음표가 느낌표에게'로 제멋대로 생긴 생각의 혹이 아니었을까. 아직 그 무엇도 아닌 것, 분명한 걸림돌. 생각의 혹을 떼어내고 다음 징검돌로 건너가고 싶었습니다. 하지만 대추가 밤이 될 수는 없어서 내게 주어진 밥그릇에 지족하며 끝까지 가보고 싶을 따름입니다. 나와 같은 사람이 어딘가엔 분명 있을 것만 같았습니다.

 물에 돌을 던지면 툼벙하고 숨습니다.

 가끔 할머니를 봅니다. 앞서 걷다가 내가 뒤처지면 서서 기다리십니다. 내가 가까이 오면 또 저만큼 걸어가십니다. 나는 할머니를 부르고 떼를 씁니다. 좀 안아

달라고 나를 알아달라고, 하지만 할머니는 내가 넘어져도 못 본체 걸어갔습니다. 이별을 안 순간, 그럼에도 불구하고 살아왔습니다.

무엇인가를 느끼고 삭이고 되새김하며, 무딘 생각을 담금질하였습니다. 비닐봉지처럼 펄럭이는 소리, 못 먹게 돼버린 홍시, 그리고 내가 시라고 불러왔던 순간들. 나를 다시 내달리게 했던 느낌표들. 그것을 움직이게 한 힘은 꼬부라진 물음표였습니다.

나는 무엇인가 되고 싶었습니다. 그러나 지금까지도 무엇이 되고 싶은지 잘 알지 못합니다. 인간다운 삶은 무엇입니까. 내 기억 멀리서부터 나그네라는 말이 좋습니다. 참으로 시적인 말 같습니다. 오다가다 어딘가에 걸리고 밟히고 흔적 없이 사라질지라도, 나의 시는 영원히 사라지지 않을 것 같습니다. 죽는 날까지 좋은 시인을 사랑하다가 가고 싶습니다.

해설

물음표의 세계 그리고 느낌표의 세계

물음표의 세계 그리고 느낌표의 세계

김성우 | 시인

  모든 존재들에게는 어제와 오늘이 있다. 과거라고 불리는 어제는 그 존재의 역사가 된다. 역사는 존재의 기록이며 과정이며 본질이라 할 수 있다. 그 본질이 어디에서 왔는지에 대한 물음은 존재의 세계에서 벗어난 범주의 것일 수 있다. 다만 그 본질이 어디로 갔는지는 명확하다. 그 본질이 도달한 지점이 바로 오늘이라는 지점이다. 존재가 오늘이라는 지점에 도달함에 있어 그 본질의 의도가 절대적이지는 않다. 의도의 개입이 절대적임에도 의도의 형상인 오늘은 의도와 적지 않은 간격이 있다. 뜻대로 다 되지는 않는다는 말이다. 여기에서 '왜?'라는 물음은 본질에 대한 구애 행위이며 본질에 대한 조용한 탐닉이 된다. 이 물음표의 세계를 거치지 않고는 결코 오늘이라는 지점을 당당하게 마주 할 수 없다. 김을현 시인의 물음표의 세계는 여기에 기인한 것이리라.

  바람이었던 적도 없었으며/꽃도 아니었으며 향기도 없었다/하물며 바람이 불면 실려 가고/꽃이 피면

아득한 냄새가 났다//도대체 나는 뭐지
―「Illusioning」전문

 김을현 시인의 어제가 움직임의 주체로서의 '바람이었던 적도 없었'고 미적 존재로서의 '꽃도 아니었'기에 시인 스스로 인식했던 시인의 세계는 '향기도 없었다' '하물며 바람이 불면 실려 가'는 객체로서의 세계로 인식되어 '향기'가 아닌 '아득한 냄새'가 움직이는 괴리의 세계였음을 노출하고 있다. 필자는 이 세계를 살펴봄으로 김을현 시인의 오늘을 마주하고자 한다.

 그리고 내일이 있다. 당연하게도 오늘을 거하지 않고는 내일을 맞을 수 없는 것이다. 이 상상의 공간인 내일이 존재의 이상향이 되기 위해서는 절대적으로 만나야 하는 세계가 있다. 다름 아닌 본질에의 물음을 통한 느낌의 세계인 것이다. 이 느낌의 세계 입구에는 육체적 감각과 정신적 감각이라는 두 통로가 있다. 그 경계가 모호한 면이 있지만 이는 존재의 두 세계이기도 하다(눈에 보이는 세계와 눈에 보이지 않는 세계라고 명명해도 될 것 같다). 육체적 감각에 의한 느낌이든 정신적 감각에 의한 느낌이든 존재는 이 세계를 통하여 변하고 성장하게 된다. 이 때에 오늘이라는 지점의 의도가 긍정적 또는 부정적으로 꼭 개입하게 된다. 오늘이라는 느낌표의 세계가 중요한 까닭이 여기에 있다.

오래전 물이 흘러간 자국과/아픔이 통과한 자국과/네가 머물렀던 자리들//나의 별들/옹이야 송이야//스침은 있어도/결코 닿을 수 없는 길에도/아침은 다녀가리니/절망은 하지 마라/다다르기 힘든 거리였다고 해도//함께 해서 좋았어요/옹이야 송이야
- 「옹이송이」 전문

나뭇가지에게 있어 옹이는 어제(과거)의 흔적이자 상처이다. 존재의 기록이며 역사이다. 옹이는 나뭇가지의 오늘인 것이다. 꽃은 '물'을 '흘'려 보내는 가지의 통증 없이는 결코 피어날 수가 없다. 나무 몸통 스스로가 어찌 꽃을 피울 수 있단 말인가? 통증으로 가지를 밀어내지 않고는 있을 수 없는 일이다. 이 때 '옹이'는 '물이 흘러간 자국'이며 '아픔이 통과한 자국'이다. 이 '오래전 물'과 '아픔이 통과한 자국'이 김을현 시인에게 있어 '나의 별들'이라고 불리는 느낌표의 세계이다. 시인에게 있어 비록 '옹이'와 '송이'가 '스침은 있어도 결코 닿을 수 없는' 존재라고 하더라도 '아침은 다녀가리니'라는 자조를 거쳐 '함께 해서 좋았'다는 느낌표세계의 도

달과정인 것이다. 시인의 카톡에 오랜 세월을 함께한 문구가 있다. "나는 봄을 믿는다"는 문구이다. 시인의 오늘이 봄이 아니라는 절망적 인식이며 내일에 대한 간절한 바람이다. 이가 김을현 시인의 느낌표세계의 지향점이다.

물음표세계와 느낌표세계 사이의 공간을 통해 김을현 시인이 스스로에게, 이 시대에게 던지고자 하는 것은 무엇일까? 이 한 가지 의문으로 필자는 김을현 시인의 시편들을 살펴보기로 하였다.

1. 물음표의 세계

인간은 관계에 대한 욕구가 있다. 누군가를 만나고자 하는-무엇이 되고자하는 의미적 존재가 되고 싶은 욕구가 있다. 하지만 타자를 만나기에 앞서 스스로가 무엇인가에 대한 물음이 선행되지 않는다면 그 관계는 늘 위태로울 수밖에 없을 것이다. 정체성에 대한 물음을 거치지 않은 개구리가 뱀을 만난다면 필경은 먹잇감으로 사라져버릴 것은 자명한 일이다. 시인은 선행되어야 하는 이 질문을 던진다.

저요/질문 있습니다/한 번도 손을 들어보지 못했습니다//가슴속에 살고 있는 첫 번째 질문은/무엇인가요//나를 사랑하십니까/내가 사랑해도 되겠습니까/나를 사랑해 주면 안 되겠습니까/제발 떠나주세요//나에게 묻고 싶었습니다//끝내 말하지 못한 한마디가 남아 있다면/누구에겐가 나는 무엇입니까

- 「첫 질문」 전문

시인의 '첫 번째 질문은' 스스로가 '무엇인가'에 대한 물음이다. 대상에게 물음을 던지는 형식을 취하고 있지만 스스로에게 하는 물음이다. 이는 시인의 '가슴속에 살고 있는' 물음이기 때문이다. '나를 사랑하십니까' '나를 사랑해 주면 안 되겠습니까'라는 물음 또한 마찬가지다. 표면적으로는 '나를 사랑해'달라는 구애의 형식을 취하고 있지만 연이어 '제발 떠나주세요'라는 호소가 뒤따른다. 이는 스스로에 대한 물음인 '나는 무엇'인가에 대한 물음에 아직 마침점을 만나지 못하였다는 시인의 고백적 자존심인 것이다. 그리고 관계에 대한 시인의 희망적 물음이 생겨난다. '누구에겐가 나는 무엇입니까'라는 시인의 물음이 오늘 마침점을 만났는지 만나지 못하였는지 필자는 알 수 없다. 하지만 시인의 물음에 대해 지지와 존경을 가져보기로 한다.

인간은 선천적으로 괴리에 익숙한 존재이다. 육체적인 세계와 정신적인 세계를 동시에 살고 있는 존재이며 이상향의 세계를 바래는 동시에 현실세계에 대한 무한한 애정을 가지고 있는 존재이다. 본질적으로 괴리에 익숙한 존재인 것이다. 이 괴리의 공간은 인간의 고독 공간에 밀접하고도 필연적인 사유로 작용된다. 육체의 세계와 대척점에 있는 정신세계 속에는 육체공간과 이질적인 공간 즉, 고독의 공간이 있을 수밖에 없는 것이다. 반하여 육체세계 역시 마찬가지일 것이다.

  보는 사람 없는데/비는 내리네//불빛은 멀고 바람은 차고/그대 지나간 길/촉촉 젖었네//밤비라서 더 그러한가/혼자라서 더 밤비이련가
-「밤비」 전문

'보는 사람 없는데' '비는 내리네' - 슬프기 짝이 없는 고독에 대한 정서적 물음이다. 시인의 물음표세계에는 '보는 사람'이 아무도 없다. '불빛은 멀고 바람은 차고' 애정으로 귀 기울여주는 그 아무런 존재도 없다. '그대 지나간 길'에서 그대는 대상으로의 그대가 아닌 화자 스스로의 1인칭 그대이다. 시인이 걸어온 굽이굽이마다 외로움으로서의 '밤비'가 '촉촉 젖'어 있었다. 필자

가 만난 시인의 눈에는 대부분 금방이라도 흘러내릴 듯이 '밤비'가 젖어있었다. 외로움에 대한 물음의 마침점을 김을현 시인이 만날 수 있을지에 대해서 필자는 부정적인 입장을 갖고 있다. 그것은 고독의 공간-외로움의 공간은 인간의 고유하고 절대적인 공간이라는 입장 때문이다. 하지만 이 공간에 대한 물음 없이는 느낌표의 세계를 만날 수 없을 것이다. 그리고 시인은 1차적 물음표로 노래한다. '밤비라서 더 그러한가/혼자라서 더 밤비이련가'

시인의 물음이 낮게 빛나는 시간이다.

인간에게 있어 가장 큰 두려움은 죽음이라는 견해가 지배적이다. 이는 죽음에 대한 경험치가 없고 죽음의 공간을 삶에 대한 이질적이고 부정적인 공간으로 인식하고 있기 때문이다. 시인의 물음표의 세계에 있는 죽음의 공간을 살펴보자. 시인은 유년시절과 공주대학교를 다니던 20대 초반까지 홍성군과 보령군 경계에 있는 오서산 주변에서 지내왔다. 하여 김을현 시인의 호가 오서이다(한때?). 시인은 유년시절부터 김소월 시집을 많이 접하였으며 적지 않은 영향을 받았다고 한다. 알다시피 산유화라는 꽃은 없다. 그럼에도 시인은 '산유화'를 '산에 피는 꽃'이라고 명명하고 있다. 아마도

'저만치 혼자서 피어 있네'라고 노래한 김소월 시인의 '산유화' 이미지와 김을현 시인의 내면이 동일시되었기 때문이리라.

  산에/산에/피는 꽃은/저만치 혼자서 피어 있네
           - 김소월「산유화」부분

 시인의 물음표로 돌아가자. 시인은 이 시집에 실린 산문에서 '나는 바람이고 물이며 삼라만상 중의 하나일거라'는 견해를 말한바 있다. 이는 자연을 극복과 이용의 대상으로 보는 서양사상과 달리 자연을 합일의 대상으로 보는 동양사상과 맥락을 같이 한다. 죽음에 대한 시인의 물음표 세계를 살펴보자.

  어느 날부터였을까/산에 피는 꽃이/산유화만이 아니라/무덤도 꽃이라는//산새들 나뭇가지들/아래에서/사철 봉긋하게 피어있는
             -「무덤꽃」전문

 시인은 죽음의 형상물인 '무덤' 위에 '사철 봉긋하게 피어있는' '꽃'이 아닐까? 라는 물음표를 세우고 있다. 삶의 형태물인 '산새들' 그리고 '나뭇가지들'이 같은 공

간에서('아래에서'의) 함께 있다. 죽음에 대한 인식적 물음표를 넘어 죽음의 공간마저 '꽃'처럼 '피어'나야 하는 공간이 아닐까 라는 물음표를 세우고 있는 것이다.

2. 느낌표의 세계

 김을현 시인은 아름다운 사람이다. 큰 키에 갸름한 얼굴이 그러하다. 나긋한 시인의 목소리가 그러하고 누구나 반겨 웃는 시인의 미소가 그러하다. 하지만 스스로가 인식하고 있는 시인은 그러하지 못한 것 같다. 시인의 느낌표세계를 만나기 위해 필자는 시인의 어제를 마주하기로 한다.

 끊었던 담배를 피운다/어둠 속에서도 파도는 출렁이고/나는 자꾸만 돌을 던진다/아무 데나 떨어져도 바다는 어둠 속으로/동그랗게 원을 그리고/내가 던진 돌멩이를 가만히 헤아려본다/너무 깊이 가라앉아 찾을 길 없는 순간들/너무 아파 가까이 가기 어려운 모습들/저 시간이 모여 오늘의 내가 되었나/상처투성이 패잔병같이/세상 눈치나 보면서/싸움다운 전쟁 한 번 못 치르고/강물에 꽃잎이나 띄우다가/공연히 별이나 세며/아직도 훌쩍이고 있는 나를 만난다/(아무것도 아닌 주제에!)/내가 건진 돌에서/눈물처럼 반짝이는 짠물/어두울수록 자꾸 네 목소리만 들린다/향불처럼 멀어져가는 생의 썰물 속으로
  － 「마침표를 위해 1」 전문

 시인의 어제는 '상처투성이'이며 '너무 아파'한 청춘이며 '세상 눈치나' 보는 '전쟁 한 번 못치'른 '패잔병'이다. 그러하기에 시인의 어제는 '자꾸만 돌을 던'지고 있을 수밖에 없었다. 그러다가 시인은 '강물에 꽃잎이나 띄우다가' 멀리에서 빛을 내고 있는 '별이나' 세고 있는 오늘을 만나게 된다. '아직도 훌쩍이고 있는' 시인의 오늘과 마주하게 되는 것이다. 시인은 시인의 어제가 던진 '돌'을 '건'져 내어 마침내는 '눈물처럼 반짝이는 짠물'을 발견하게 된다. 그것이 김을현 시인의 첫 번째 느낌표인 것이다. '어두울수록' '생의 썰물'을 감당해야하는 그 '목소리'는 더욱 선명하게 시인의 느낌표 세계를 이끌 것이다.

 풀밭에서 나는 울었어/사랑의 기쁨과 아름다운 달빛과/가지를 흔드는 나뭇잎 좀 봐/이 밤이 새도록 울지 않기에/달밤은 절대 길지 않다는 것을/저 노릇한

어둠 속에서/나를 기다리는 그대/풀밭처럼 좋은 게 없었다/땅 냄새처럼 사랑스러운 게 없었다
          -「추상적 귀또리」 전문

「마침표를 위해 1」에서의 '목소리'가 마침내 노래가 되는 순간이다. 시인이 어제를 당당하게 마주하여 만난 응당의 아름다운 공간이다. 이 공간에서 '나를 기다리는 그대'는 김을현 시인의 내면에서 꿈꾸는 '그대'임과 동시에 늘 호주머니에 넣고 다니는 외로움을 공유하고 싶은 타자이기도 하다. '아름다운 달빛'을 함께 볼 수 있는 '그대' '가지를 흔드는 나뭇잎'을 함께 볼 수 있는 '그대' 더 이상 절망스럽지 않은 '노릇한 어둠 속에서' '나를 기다리는 그대'의 출현은 시인의 삶에서도 시인의 느낌표세계에서도 '풀밭처럼 좋'은 것이며 '땅 냄새처럼 사랑스러운' 애인의 모습인 것이다. 느낌표를 거친 그 공간은 '추상적 귀또리'였던 시인의 노래가 실제적이고 열정적인 공간 속에서 '아름다운 달빛'으로 발현된 것이리라. 그러면서 시인은 시인의 어제에게 그리고 '오롯이 주인이 되어 살아'가지 못하고 있는 타자들에게 '달밤은 절대 길지 않다'는 중의적 한마디를 남기고 있는 것이다.

김을현 시인의 느낌표세계가 만난 마침점 하나를 만나보기로 하자.

돌아갈 수 없을까/배암아//비늘을 털고/성냄도 자존도 털고//멍에를 지기 전으로/배암아//함께 돌아가면 안 될까/둘이 가서 용서를 빌 수 있을까
- 「용서를」 전문

시인의 어제와 동일시되고 있는 '배암'은 죄의 원형적인 이미지이다. '배암'의 비늘피부는 두 겹으로 되어 있다. 안쪽 겹은 계속 분열하여 자라는 세포들로 구성되어 있고 안쪽 겹에서 죽은 세포들이 밀려나 비늘의 바깥 겹이 된다. '배암'의 '비늘' 즉, 죽어있는 바깥 '비늘'을 벗는 행위는 생명으로의 복귀를 의미한다. 시인의 '성냄'과 '자존'심이 바로 죽어있는 바깥 '비늘'인 것이다. 바깥 '비늘'을 터는 행위야 말로 '패잔병'이었던 시인의 어제를 극복하고 "나는 봄을 믿는다"라는 시인의 명시적 언어가 느낌표의 세계에서 깊게 꽃 피게 되는 좁고도 유일한 문이 될 것이다. 필자는 김을현 시인의 느낌표세계가 '흰 이빨을 드러내며 까르르 웃게 하는 짜장면'처럼 맛있게 확장되기를 기대해본다.

3. 김을현 시인의 몇몇 작품들을 만나보기로 한다.

1) 물들 무렵

 살아내는 데 있어 누군가를 통한 위로를 만날 때 우리는 고마운 마음과 함께 '때로' 기쁨의 '눈물'을 훔치기도 한다. 그 때의 '눈물'은 삶을 주저앉고 싶을 때마다 다시 걸어갈 수 있게 하여 주는 충분한 에너지가 된다. 그 '눈물'은 살아냄에 대한 보상이며 자존감에 대한 따사로운 기쁨이 되는 것이다. 위로를 주는 그 누구인가가 곁에 한 사람이라도 있는 한 그것만으로도 우리는 충분히 가치 있는 존재가 된다. 봄을 만들어 내는 꽃이 되는 것이다.
 시를 만나보자.

 바닷물이/육지를 향해 옵니다//골골이 쓰다듬고 입 맞추며/은하수 같은 물길을 펼치어/배고파 우는 아이를 달래듯/통통 부은 가슴을 출렁이며 옵니다//그대 무명의 치맛자락/파도가 올 때는 바람도 함께 옵니다/기다림의 수평을 넘어오는 흰머리/보이지 않는 손짓으로 지상을 어루만지면//나인들 내 살결을 만지는 아침이 와서/때로는 참을 수 없는 눈물이 차

오릅니다//생각이 물들어/그리운 무렵

― 「물들 무렵」 전문

  움직일 수 없는 '육지'인 화자에게 있어 움직일 수 있는 '바닷물'은 부러움의 대상인 동시에 '배고파 우는 아이'에게 음식(젖)을 가지고 있는 '퉁퉁 부은 가슴'을 가진 (허기에 대한) 해결적 존재이다. 그러한 '바닷물'이 '은하수 물길을 펼치'며 '골골이 쓰다듬고 입 맞추'어 주기 위해 '가슴을 출렁이며' '기다림의 수평'을 '넘어' 화자에게로 오고 있다. '바닷물이 육지를 향해' 오고 있는 그 순간은 화자에게 있어 살아내고 있음에 대한 보상이며 위로적 환희의 순간 이다. '바닷물'의 형태적 움직임인 '무명의 치맛자락'으로 '파도'가 오는 것만 해도 '기다림'의 충분한 보상이 된다. 그에 더하여 '보이지 않는 손짓으로 지상을 어루만지'는 '흰머리'의 모습으로 '내 살결을 만지는' '나인들'을 데리고 '바람도' '함께' 오고 있는 것이다. 그야말로 장땡이 아니겠는가! '배고'프고 움직일 수 없는 존재인 화자를 '골골이 쓰다듬'어 주는 근원적 위로이며 '참을 수 없는' 기쁨인 것이다. 그것이 지금 화자가 흘리고 있는 '눈물'임에랴 말해 무엇 하랴. 하지만 '바닷물'과 '바람'인 위로의 '그대'는 지금의 화자의 곁에 있지 않다. 기억의 공간과 상상의 공간에 있다. 하여 화자는 '바닷물'과 '바람'에 대한 그리움으로 물들어 있는 것이다. '생각이 물들어 그리운 무렵'에 나지막하게 앉아있는 것이다.

시 전체에 흐르는 정서적 흐름이 힘을 얻고 있다. 2연 4행에서의 '파도'를 형상화 한 '퉁퉁 부은 가슴을 출렁이며' 온다는 시어는 참으로 신선하다. 4연 2행에서의 '나인들 내 살결을 만지는'이란 시어도 잔 '바람'을 형상화함에 있어 많이 돋보인다. 하지만 시어 '나인들'은 1차적 개연성이 다소 약해 보인다. 4연 2행에서의 '눈물'은 다소 모호한 측면이 있는 듯하다. 마지막 연에서의 '생각이 물들어'는 관념적 자세가 다소 있어 보이지만 표현의 신선함이 이를 극복하고 있는 듯하다. 시 제목인 '물들 무렵'에도 지지를 보낸다.

2) 원죄론

성경은 에덴동산의 한 가운데 있는 선과 악을 알게 하는 열매-선악과를 따 먹음으로 인간의 원죄가 생겼다고 기록하고 있다. 선과 악을 아는 것이 왜 죄가 될까? 라는 필자의 의문은 열외로 하기로 하고 성경에서 하나님은 인간에게 선악과를 따먹지 말라고 했다. 그러므로 선악과를 따먹는 행위는 하나님의 명령을 어기는 행위가 된다. 기독교에서는 하나님의 명령(말씀)을 따르지 않는 행위를 죄라고 정의하고 있다. 죄 중에서 첫 죄는 아담 이후의 모든 인간에게 적용되어 원죄라고 불리게 된다. 아담이후의 인간인 화자는 '슬픔'을 원죄로 인식하고 있다. '슬픔'이 죄인지 아닌지에 대해서는 각설하기로 하자. 어쨌든 '슬픔'의 공간은 아담이후 모든 인간이 가지고 있는 본질적인 공간임은 분명하다. 이 본질적 공간을 시인은 화자를 통하여 '죄'로 명명하고 있다. 그것은 '슬픔'의 공간이 주는 아픔에의 통증 때문이리라.

시를 만나보자.

나는 생각한다/내가 나무였던 때를//겨드랑이마다/주렁주렁 열매를 달고/해가 지는 서쪽에 서서/방주가 떠나던 날을 생각한다//가슴까지 차오른 빗물 속에서/나는 차마 손을 들지 못했다//죄는 이미 돌이킬 수 없어/파멸은 예정되어 있다는/방주를 떠밀고 간 바람이여//지금도 겨드랑이 가득 매달린 슬픔/이것도 죄가 되었다

-「원죄론」전문

시 속에서 슬픔에의 구체적 묘사는 없다. 이 시에서

슬픔이란 '나무였던' 이전 화자의 행위로 인한 죗값이기 때문에 나무 이후의 존재인 화자의 의지와 상관없는 본질적 공간임을 말하고 있다. 화자의 '원죄'적 공간인 것이다. '나무였던' 화자는 따뜻함과 생명력을 지니고 있는 '해'가 뜨는 동쪽의 대척점인 '서쪽에 서' 있게 되고, 이어 화자는 '가슴까지 차오른 빗물 속에서'도 자신을 구해줄 '방주'가 '떠나'고 있음에도 '차마 손을 들지 못'하고 있다. '이미 돌이킬 수 없'는 '슬픔'이며 '예정되어 있'는 '슬픔'인 것이다.

2연에서의 '열매'가 특별한 묘사 없이 사용되므로 인해 의미전달에서 다소 혼돈되는 측면이 보인다. 2연에서의 '주렁주렁 열매를 달고'와 5연에서의 '겨드랑이 가득 매달린 슬픔'이라고 표현된 나무에 대한 묘사는 시 전체를 이끌어 가는 시적 힘이 되고 있다.

3) 외달도

목포시 유달동에 있는 섬이다. 목포시는 외달도에 해수풀장 등 시설유지관리비로 연 2억 원을 투입하고 있다. 하지만 수익은 고작 2천여만 원이다. 필자는 김을현 시인의 시 「외달도」를 만나게 해준 목포시의 행정에

지지와 감사를 표해 본다.

　물소리 아련하다/외달도에서 주워 온 작은 돌로/목걸이를 만들었다/처음에는 서늘하고 둔탁했으나/이제는 목젖 같은 체온이 돌았고/외달도의 끝나지 않은 사랑/몽돌로 빛나는 얼굴/그대 한 바퀴 돌아온 일이/전생을 맴돌아 온 듯하다/침엽을 통과하는 바람/언뜻언뜻 해당화를 보여주던 바다/눈을 뜨고도 보고 싶은 짝사랑//외달도, 이 작은 살덩이/외로운 날에는/끄억끄억 함께 울었다

-「외달도」 전문

　화자는 '외달도'를 '눈을 뜨고도 보고 싶은 짝사랑'이라고 노래하고 있다. 화자에게 있어 '물소리 아련'한 것은 그 '짝사랑'이 아직도 '끝나지 않은 사랑'이기 때문이다. '언뜻언뜻 해당화'가 보이는 꿈결의 공간이었기 때문이다. '몽돌로 빛나는 얼굴'이기 때문인 것이다. '처음에는 서늘하고 둔탁'한 '사랑'이었으나 '이제는 목젖 같은 체온이' 느껴지는 '목걸이' 같은 공간이기 때문이다. '외로운 날에는' '끄억끄억 함께' 울어주는, 삶을 함께 걸어가는 동인으로서의 '살덩이' 같은 공간이기 때문이다. '한 바퀴 돌아온' '그대'가 화자의 정서적 공

간에서 지금도 여전히 '그대'인 때문인 것이다.

1연에서 산문적 군더더기가 다소 보인다. 2연에의 '이 작은 살덩이'라는 '외달도'에 대한 명명적 어투에서 더한 힘이 느껴진다. '외로운 날에는 끄억끄억 함께 울었다'는 정서적 마무리도 돋보인다.

김을현 시인의 세 번째 시집 『느낌과 물음 사이』을 만나면서 시 형식에 대한 아쉬움이 다소 있었다. 그럼에도 시집을 통해 만난 시인의 내면에의 치열함에 더할 수 없는 애정과 지지를 보낸다.

느낌과 물음 사이

2022년 12월 07일 초판 1쇄 찍음
2022년 12월 20일 초판 1쇄 펴냄

지은이 _ 김을현
펴낸이 _ 라문석
편   집 _ 장상호
디자인 _ 김옥경
표지일러스트 _ 정여림

펴 낸 곳 _ 도서출판 두엄
등록번호 _ 제03-01-503호
주   소 _ (41969) 대구광역시 중구 명륜로12길 21
대표전화 _ (053) 423-2214
전자우편 _ dueum@hanmail.net

ⓒ김을현, 2022
ISBN 979-11-980114-7-3 03810

＊지은이와 협의하여 인지는 생략합니다.
＊이 책 내용의 전부 또는 일부를 재사용하려면 반드시 지은이와
  도서출판 두엄 양측의 동의를 받아야 합니다.
＊책값은 뒤표지에 표시되어 있습니다.

＊이 책은 (재)전라남도문화재단의 2022 지역문화예술특성화지원
  사업의 지원을 받아 제작되었습니다.